Hedy Loewe

Lila Gedanken

Melancholische und andere Gedichte

HL Lyrik Edition

Bibliografische Information der Deutschen National-
bibliothek:
Die Deutsche Nationalbibliothek verzeichnet diese
Publikation in der Deutschen Nationalbibliografie;
detaillierte bibliografische Daten sind im Internet
über http://dnb.dnb.de abrufbar.

Herstellung und Verlag: BoD – Books on Demand,
Norderstedt

ISBN: 978-3-746031248

Inhaltsverzeichnis

Auf ein Wort!

Lyrik liest doch kein Mensch!
Haben Sie auch diese gut gemeinten Ratschläge im Ohr, was Sie besser tun oder lassen sollten? Und? Hören Sie darauf? Nun halten Sie diesen kleinen Band in der Hand. Wie schön! Sie hören also nicht auf die warnenden, gut meinenden Stimmen. Ich tue es auch nicht und folge lieber meinem Herzen.
Warum Lyrik und warum melancholisch? Ganz einfach: Die Zeit dafür war da - im übertragenen Sinne. Dinge müssen gesagt werden. Ausgesprochen, geschrieben. Die Gedanken nehmen sonst die Luft zum Atmen.
Sind Gedanken - auch tragische, nicht nur die fröhlichen - erst einmal aufgeschrieben, materialisiert, dann befreit sich die Seele von einer Last. Die Seele lächelt. Sie freut sich an Worten, Sätzen, Konstellationen. Mögen auch Sie ein wenig Freude an meinen Wortspielereien haben.
Manchmal werden Dinge, Träume, Erlebnisse durch den Körper aus Worten klarer. Finden Sie eigene Erfahrungen wieder, Gedichte über die Natur und Nachdenkliches zum Thema Liebe.
Ich wünsche Ihnen mit diesen »Lila Gedanken« ein kleines Innehalten - einen Moment der Besinnung auf sich selbst – und auf das, was Ihnen Freude macht.

Herzliche Grüße

Hedy

Jahreszeiten

Frühling

Morgengruß:
Sonne hinter milchig weißen Wolken.
Ferner Planet, der sie ist.
Schattenverschleierte Bäume im Nebel davor.
Wunderbare Welt.

***

Lachen!
Glasklar und glockenhell.
Der Himmel himmelblau und strahlend,
alle Wassertropfen funkeln,
an dunklen Ästen mit Sehnsuchtsknospen,
leuchten der Sonne entgegen.
Es taut!

***

Sommer

*S*alvia officinalis an englischer Rose,
Lila und Pink leuchtend im üppigen Grün.
Sehnsucht nach Süden,
Duft des Sommers.

Gebadet in Melisse, Salbei, Rosmarin,
eingetaucht in Pfefferminze,
wellness pur im Garten,
kostet nichts.
Gibt so viel.

***

*K*ennst du
den Duft der Erde nach Gewitter?
Zaghaft zwitschern gefiederte Genossen,
plustern die feuchten Federn.
Der Tropfen spritzt,
hat Spaß,
rutschend entlang der Blüte.
Abendsonne taucht alles
in goldenes Licht.

Herbst

*Z*auberzeit.
Die Sonne
malt
Lichtflecken.
Freundliche Farben
verspielen
aufgeregt
säuselnde Blätter.

***

*B*raun hat das wunderbare Rot verdrängt.
In 1000 Varianten.
Gelb? Nur Lichtreflexe noch.
Grün halten tapfer aufrecht: Fichten und Moo-
se.

Stille.
In den Wipfeln zwitschern ein paar Vögel.
Eicheln klackern von Ast zu Ast auf dem Weg
nach unten.
Trockene Blätter flüstern.
Am stillsten: die Pilze.

*H*erbstdepression.
Totes Kätzchen an der Straße.
Liegt schon seit gestern da.
Heute: Tränen unaufhaltsam.

***

*S*turm zerrt wütend an den Bäumen,
die letzten Blätter wirbeln von den Ästen,
werden hochgeschleudert in die Lüfte,
fallen sanft - zum Nachbarn.

***

*W*ie Schnee
rieseln gelbe Blätter
sanft verspielt zu Boden.

Unter fleißigen Hufen
raschelt die dichte Decke
des Laubes im Herbst.

Zufriedenes Prusten
aus dampfenden Nüstern
kündet vom nahenden Winter.

Winter

*E*s knistert, heult und trommelt
Laut mal und dann leise
Feuer, Wind und Regen
Wie entfesselt
Im Ofen
Um´s Haus
An die Scheiben
Und am Morgen
Schnee.
Schee.

***

*S*ieht aus wie Schnee, wie diese Blätter fallen.
Kein Einziges wird bleiben, alle gehen.
Sie legen sich zur Ruh´.
Wie ich. Wie Du.

Gedankenspiele

*Z*eit für ein Gedicht.
Über Wolken und Gedanken.
Über Leben ohne Schranken.
Grenzen kennt es nicht.

***

*S*ie sagt, schick mir ein bisschen Glück.
Ich borg ihr meins.
Kommt es zu mir zurück?
Dann ist es deins.

***

*D*ie Goldwaagen
nutzen nur mehr
die Wucherer.
Nutzten die Wortwerker
sie doch auch!

Zwei Zeilen nur,
die eine fröhlich wie das Plätschern eines Ba-
ches,
die Zweite stürzt dagegen rauschend,
tosend in die Tiefe meines Seins.

***

Gedanken gut
Sturm im Gehirn
Frei laufen, rennen, springen
kleine große Fetzen
Schäumchen
an Ideen
werden
Wort Ungetüme

***

Schriebe ich heute
ein Gedicht
für mich,
ich schriebe
es für dich.

*I*ch lieb es, wenn das Morgenlicht
die frühen Wolken küsst.
So sanft und golden scheint die Welt.

Ich lieb es, wenn das Morgenlicht
die fernen Wolken schmilzt,
den Tag erweckt, die Dunkelheit erhellt.

Wie tröstlich, dass das Morgenlicht
den Traum der Nacht vertreibt,
den Blick nach vorne stellt.

***

*J*emand sagt Lyrik
und meint
Reime.
Ich lieb Gedichte,
besonders
Deine.

***

*A*bsicht
gute, schlechte, keine
Worte
kurze, schnelle, harte
gesagt, notiert, gesendet
nichts holt sie mehr ein.

***

*D*er Tag geht, wie die anderen.
Ob gut, ob schlecht.
Kann ich ihn bestimmen?
Mal ja, mal nein.
Morgen, vielleicht?

***

*i*ch geh
nicht
ohne ein Wort
nur eins
meins
deins.

24

Romance

*W*ie ein Dieb
schleich ich mich her,
suche Wärme, Licht,
finde deine Nähe
selbstlos, Du
Sehnsucht, Ich
stehle
ein kleines Stück von deiner Seele.

***

*M*ir fehlt die Resonanz!
Sonst kann ich nicht schwingen,
nicht singen,
die Flügel nicht breiten,
auf Wolken nicht reiten,
nicht träumen.
Von DIR.

***

Wegbegleiter

*I*ch geh den Weg.
Nach vorne, Schritt für Schritt.
Rennend, laufend, stolpernd,
manchmal auf der Stelle.
Kommst DU ein Stückchen mit?

Auf diesem Weg
gibt´s haufenweise Steine,
klein, groß, gekantet oder rund.
Was bist DU mir?
Ein Kiesel unter vielen oder gar der Eine?

Komm, geh mit mir,
zu zweit ist nicht allein.
Halt mich nicht auf,
sonst bist du Schmerz,
anstatt der Grundstein meines Seins.

***

*E*in Buch mit sieben Siegeln
wird dein Leben immer für mich bleiben.
Ich halte einen Bruchteil deines Herzens tief in
meiner Seele,
als wär´s meins.

*H*eute kein Gedicht.
Es fehlt
der Funke, den Eros braucht
die Muse zu küssen.
Dich zu küssen
finde ich der Worte nicht.

***

*Z*ehn Jahre meines/deines Lebens
Sind unsere Zeit geworden,
Gute und schlechte Zeiten,
Aufbruch und Veränderung,
Gemeinsam durch- und ausgestanden.
Mittendrin in dem, was Leben heißt.
Neugierig,
Füreinander,
Vertrauensvoll,
Miteinander,
Siehst du in mir das Beste - so ich in dir -
Was brauchen wir sonst?

(24.6.2014)

Was, wenn?

Was, wenn ich heut schriebe?
Vom Leben und Sterben,
Vergehen und Werden,
Verlieben, Verlassen,
Vergeben, Verzeih´n?
Was, wenn du es liest?

Was, wenn ich heut fragte,
Nach Lieben und Lachen,
Gemeinsam machen,
Tanzen und Singen,
Und Liebesdingen,
Wie DU das so siehst?

Was, wenn ich mich traute,
Die Frage zu wagen,
Die Antwort zu sagen,
Auf Wir oder Ich,
Allein oder nicht.
Wirst du es verstehen?

Was, wenn ich nicht könnte?
Die Worte zerrinnen
Im Draußen und Drinnen
Verwirrung, Verirrung
In Seele und Herz.
Die Worte verwehen.

Was, wenn ich heut reimte,
Durch Lyrik zu hetzen,
Mit Worten und Sätzen.
Im Großen und Ganzen,
Statt kurz und gut?
Mir fehlt der Mut.

Was, wenn ich heut schriebe,
dass ich DICH liebe?

***

Dort, wo deine warme Hand mich hält,
wenn das Leben seine Schattenseiten zeigt,
da, wo meine Sehnsucht nach der Welt,
eine Illusion von vielen bleibt,
wenn der Tag mein Herz so schwer wie Blei
erscheinen lässt,
hältst du unbeirrbar stark und tapfer unsere
Liebe fest.
Deine starken Arme halten alles aus.
Ich bin nur stark durch dich.
Bei Dir bin ich zu Haus.

*B*in wie der Wind,
Kann sein, wie ein Sturm.
Am liebsten
Bin ich der Windhauch,
Der deine Wangen streichelt.

***

*E*twas links vom Mond
zwei Milchstraßen weiter
liegt die Welt
geformt aus lila Tau, gesponnenen Träumen,
Unerfüllt-erfüllter Sehnsucht.

Ein leuchtender Stern.
Siehst du ihn?
Nein?
Dann mach die Augen zu
und das Universum
öffnet seine Pforten
auch für DICH.

Ich hab die Gabe
Herzen zu heilen
Stück für Stück
Bleibt ein Teil
Meines Herzens
Bei dir zurück.
Bis ich selber
Keins mehr habe.

***

Lies mich
im Rhythmus
des Schlags
Deines Herzens.

Lass es
nicht stolpern
dabei.

Es reicht,
dass meins stolpert.
Über Deins.

Perseidensturm
So wundervoll,
die Lichter nachts zu sehen.
Sie täuschen Nähe vor
und provozieren Wünsche,
die
genauso unerreichbar sind
wie DU.

***

Jeder Geburtstagsgruß
soll so viel mehr sein als die bunt bedruckte
Karte.
Er soll dir sagen, dass ich an dich denke und
auf deine Antwort warte.
Ich schätz dich sehr, mein lieber Freund in
weiter Ferne
Und trotz der Weite zwischen uns hab ich dich
gerne.

Sehnsucht

*M*orgensonne
gießt
das erste, goldene Licht
über die verschlaf´ne Welt.
Verzaubert Städte, taucht in goldenen Schimmer,
Was sonst so grau und unansehnlich ist.

Abendlicht
Weckt Sehnsucht.
Warm und tröstlich glimmen alle Farben,
schenken Hoffnung auf die Wiederkunft des Morgens,
bevor die Dunkelheit sich auf der Seele niederlässt.

Die Zeit dazwischen
ist bei Tag die graue Wirklichkeit,
und nachts die schwarze, kalte Todesdrohung.
Verdrängt durch Träume aller Art, durch die du deine Angst vergisst.

*O*sternacht.
Trauer wird Hoffnung.
Leid wird Mut.
Hass wird Liebe.

***

*R*atlos,
wehrlos,
doch in all dem Chaos
nicht
hoffnungslos.
Das ist die Macht
der Sehnsucht.

***

*S*chönheit der Welt
greifbar - spürbar - sichtbar.
Dir fehlt nur
ein Augenblick
im Jetzt.

*S*anfter Abendhimmel
zarte Farben, blass vergehend
Lufthauch streichelt
aufgeraute Seelen
besänftigend.

***

*G*edankenverloren.
Gedanken hab ich längst verloren.
Gedanken an dich hab ich längst in meinem
Herzen verloren.
Es ist zu groß. Hab mich verirrt.

***

*N*ur zwei Viertelkreise
Bilden eine Welle,
werden zur Möwe im Flug.
Ich seh sie hoch am Himmel,
hör sie schreien,
schmecke Meersalz auf den Lippen,
fühl den Wind im Haar.
Nichts als zwei hingemalte Viertelkreise.
Schön war diese Reise.

*W*ie oft kommt es vor
dass dich jemand sieht
dein Wesen erkennt
deine Seele.

Wie oft kommt es dir vor
dass dich niemand sieht
kein Wesen
nicht eine Seele.

Wie oft
fragst du dich:
Wird es jemals sein?

Frag nicht.
Fühle es in dir.
Es geschieht jeden Tag. Lass es zu.

***

Vielleicht nicht heut

*B*lätter fallen im Herbst,
so sicher, wie die Sonne
täglich untergeht.
Doch vielleicht
nicht heut.

Schnee schmilzt im neuen Jahr
und macht dem Frühling Platz,
früher oder später.
Doch vielleicht
nicht heut

Es ist so viel zu tun!
Und nicht nur dies und das,
auch Überlebenswichtiges.
Doch vielleicht
nicht heut.

Eines Tages
gehen wir den nächsten Schritt,
Mutig, von diesem Sein ins Nächste.
Doch vielleicht
nicht heut

Veränderungen, auch ganz kleine
heben Welten aus den Angeln,
machen vieles besser.
Vielleicht
schon heut.

Begegnung zwischen Welten

Vergessen soll ich dich?
Wie könnt ich das?
Hast du mir doch gezeigt, dass ich noch lebe.

Wie was Verbot´nes tun
fühlt es sich an.
Nie war geplant, dass ich dir mehr als Worte
gebe.

Ein Stück von meiner Seele
Gab ich dir freiwillig.
Hast nicht darum gebeten, nie danach gefragt.

Das Stück reißt eine Lücke in mein Sein.
Nun fehlt es mir.
Im Hier und Jetzt bin ich deshalb verzagt.

Du gibst es mir zurück?
Wie sehr das schmerzt.
Zu wenig kostbar, dass du es behalten willst?

Zurückzieh´n sollt ich mich.
Es fällt so schwer.
Ich wünsch dir so, du findest, womit du deine
Leere füllst.

Konnt´ ich mich so sehr irren?
Muss wohl so sein,
dass ich in dir nichts andres als den Spiegel
meiner Sehnsucht sah.

Kann etwas wehtun, das nicht existiert?
Die Möglichkeit besteht.
Gab es das Band der Seelen nie, obwohl ich
doch so sicher war?

Was hab ich mir gewünscht?
Zu retten dich,
denn deine Narben trägst du offen.
Das war vermessen, nicht?

Leb wohl, mein werter Freund.
Ich weiß es jetzt,
die Trennung unseres „Nichts", sie schmerzt
dich fast so sehr, wie mich.

Bittersweet Moments

*D*ort, wo einst mir das Paar Flügel wuchs,
schmerzen Wunden,
die das Leben schlug.
Dass Zeit sie heilte, wäre Selbstbetrug.
Sie heilten nur durch deinen Kuss.

***

*D*u lebst in der Vergangenheit.
So schön sie war. Vorbei.
Ich träum in meiner Zukunft.
Genauso unfassbar.
Gibt es die Brücke der Geborgenheit?

***

*W*arum macht es mich so betroffen,
wenn ein anderer in meine Seele sieht?
Weil es so selten vorkommt.

*T*ausche Enttäuschung gegen Täuschung
Annahme gegen Wahrheit
Welche Wahrheit?
Deine? Meine?
Die der Massen?
Lieber keine
Wahrheit.
Besser
Täuschung.

***

»Encore une fois«,
so hübsch für »wieder einmal«.
Encore une fois vertraut.
Encore une fois geglaubt.
Encore une fois hereingefallen
auf die, die ihre eignen Worte glauben.
Quand même – was soll´s?
Die Hoffnung wird mir niemand rauben.

Spuren
Würd ich gerne hinterlassen
Wenn ich gegangen sein werde
Liebevolle, wärmende Spuren
Auf deinem Herzen
Und auf der Erde.

Erinnerung
Möchte ich sein,
Wenn meine Asche im grünen Moos vergeht.
Schöne, freundlich klingende Erinnerung
In deinen Gedanken
Und nicht vom Schicksal verweht.

***

Zehen graben Spur in den Sand
Wolken ziehen schneller als daheim
Augen ruhen aus in der Unendlichkeit der
Wellen,
Die Zunge schmeckt Salz,
das der Wind bringt, und nicht die Tränen.

Grausam ist Missachtung.
Welche Wahrheit glaubst du wohl zu kennen,
dass solche Folter du mir angedeihen lässt?
Die meine ist es nicht.

Gelegenheit vertan.
Vom schönen Traum mich endlich nun zu trennen,
und leben in der Wirklichkeit ist Pflicht.

***

Der Fluss der Zeit
hat viele Gesichter.
Starke, schnelle Strömung wechselt
mit mäandernden Buchten.
Geeignet zum Ausruhen.

***

*D*ichter,
spinn sie dichter,
Deine Worte,
dichte
für trostlose Orte
für Ohren, die hören,
schwere, tiefe, leichte, frohe Worte
die trösten.

***

*M*eine Augen blicken tief in deine Seele.
Wären sie doch
genauso naiv wie mein Herz.

***

*M*atte Augen, Dunkelheit ersehnend,
Schwere Seele, die zu Boden sinkt,
Großes Herz, vom Schlagen müde,
Liebe, die im Strom der Zeit ertrinkt.

*M*itleid
ist dein Leid.
Angekommen
in meiner Seele.

Liebe
selbstlos, sicher, schön
so könnte es sein.
Verlangend, einengend, herrschend
Dann lieber allein.

Zorn
Pulsiert, erwärmt, verstellt die Sicht.
Doch gibt auch Energie.
Verwechsle nicht
Zerreißenden Zorn mit der Kraft,
die Neues schafft.
Aus Liebe.

***

*V*on heut auf morgen ist die Welt erfroren,
Regen, Schnee und Eis,
gefährliche Zeit.
Von heut auf morgen war mein Herz verloren,
Liebe, Schmerz und Glas,
zersprungenes Sein.

***

*D*er Welt
trotz alledem
ein Lächeln schenken.
Und manchmal
leider selten
vor Lachen mich verrenken.
Grinsen über
Komischkeiten,
von einem Ohr zum andern.
Verhindern,
dass meine Gedanken
zu Schlechtigkeiten wandern.
Mich freuen
über kleine
und große Kleinigkeiten.
Der Welt
mehr Freude geben,
in diesen, unseren Zeiten.

***

Nacht und Traum

Nachtgespinnste
Feine Wesen
Spinnen feinste Netze
Über meine Träume.

Nachtgespenster
Nebelfetzen
Treiben wild und unfassbar
Durch virtuelle Räume.

Nachtgedanken
Traumgeboren
Wirken weiter unaufhaltsam
Sehnsuchtsvolle Schäume.

Nachtgesichter
Weltverloren
Werden und vergehen
Im Meer der Lebenslichter.

***

*I*ch schleich in deinen Traum
und nehm dort Platz.
Ein kleines Fleckchen nur,
da du mir längst
doch schon
den Raum in deinem Herzen
freigegeben hast.
Ich mach mich klein und seh mich um,
freu mich an deinen Farben.
Bin zufrieden,
dass du gar nicht merkst,
wie fröhlich du mich machst.

***

*D*raußen in der Sommernacht
Zeit und Ort vergessen
Sterne strahlen
Verkünden Unendlichkeit
Sind da und doch auch nicht
Nur Punkte im All
Die Nachtluft
Streichelt meine Haut
Kaum Ersatz
Für deine warme Hand.

*I*ch soll von Hoffnung schreiben,
Heut,
wo ich vor Angst
nicht schlafen kann?
Wenn nicht jetzt, wann dann?

***

*I*ch träumte mir die Nacht den Tag herbei,
verliebt in den Gedanken an den Schlaf.
Komm, dunkler Bruder, nimm
mich mit und sei
der Prinz,
den ich in meinen Träumen traf.

***

*I*ch träum mich in den Schlaf.
Zum wunderbaren Tag
fehltest nur
DU.

*I*ch träume
vom Prasseln des Regens.
Er klärt
die Luft.
Lässt wieder atmen.
Wäscht
die Maske
von Deinem Gesicht,
damit
DU vor mir stehst.
als Mensch.

***

*N*ichts liegt mir ferner, Freund, als dir den
Schlaf zu rauben,
möcht ich dich doch nur warm und sicher
glauben.

Im Schlaf, im Traum, bei Nacht, an jedem Ort,
such ich nach Fragen, Wegen, Zielen.
Nein, ich will nicht spielen.
Ich such die Brücke zwischen hier und dort.

Nun seh ich
Dein Gesicht
Im Traum
Die Augen, Nase, Mund
Du siehst mich an.

Wie kann das sein?
Ich kenn dich nicht.
Worte nur
Ein Bild, ein Satz,
Wer ist der Mann?

Es fehlt dein Zeichen.
Irr ich mich?
Fühlst,
Lebst du, atmest meine Nähe?
Häng ich nur Träumen an?

Du weißt nicht, was ich fühle.
Wie auch.
Bist so weit fort, unnahbar, unerreichbar.
Hältst trotzdem meine Seele fest.
Verloren find ich mich, in deiner Hand.

Sweet Nonsense

*W*enn der weiße Wiesenschaum

keck den Weiden Wogen zeichnet,

laut das Amselmännchen trillert,

dass es einen Stein erweichet,

und der Frühling voller Kraft

das Grün befeuert auf den Wiesen,

toben Pollen durch die Nacht,

bringen uns wie wild zum Niesen.

Das Auge juckt, die Nase kribbelt,

Die Hand unruhig zum Tempo hibbelt,

der Arzt über Besuch sich freut,

wie wunderbar: Heuschnupfenzeit.

Haiku- Jahreszeiten

Weiße Flockenpracht. Deckt alles andere zu.
Täuscht wie der Eisberg.

***

Blütenschnee bedeckt das üppig sprießende
Grün.
Weißer Wintergruß.

***

Träume werden grau. Schneeflocken werden
Regen.
Licht wird Dunkel - Licht.

***

Der Nebel schwindet. Klarheit kommt über die
Nacht.
Morgentau läutert.

Sonne über den Dächern glitzert wunderbar.
Das Herz ist eiskalt.

***

Frühling naht und mit ihm die Zeit der
Gedichte.
Ich spüre ihn schon.

***

Regen trommelt sanft. Die Frühlingsfarben
malt er,
so vergänglich schön.

***

Unheilige Eisheilige drohen mit Tod.
Die Blüten zittern.

Neuer Seen Glanz. Das satte Grün des Frühlings spiegelt sich darin.

***

Frühling ist traurig. Regen aus Eis friert das Herz.
Hoffnung taut die Welt.

***

Frühsommer Nebel. Luft hängt voll Wassertröpfchen.
Kühlen heiße Haut.

***

Laubwald lichterfüllt. Ein Sonnenstrahl lacht mich an.
Ich lächle zurück.

Wolken, dringend erwartet, verheißen Regen,
der die Tränen tarnt.

***

Sattes, dickes Grün. Abendliches Wohlfühl-
bad.
Sinnliche Kräuter.

***

Donner rollt durchs Tal. Hallt nach in den Ge-
danken.
Schwer wie die Tropfen.

***

Zweige neigen sich, in warmer Sommers
Mitte. Schwer von süßer Last.

Ich wär gern am Meer. Spürte den Wind auf der Haut.
Hand in Hand mit dir.

***

Bauchige Regentropfen auf dem Dachfenster, läuten den Herbst ein.

***

Kürbisse leuchten in den Farben des Sommers. Erzählen vom Herbst.

***

Farben, die wärmen. Tautropfen an Spinnweben.
Herbstvergänglichkeit.

Haiku-Melancholie

Trotz grauen Regens schüttle ich die Flügel aus.
Spanne sie weit auf.

***

Ein paar Schläge nur. Die Lust am Fliegen erwacht.
Ballast sprengt davon.

***

Das Herz treibt Blüten. Die Gedanken tanzen wild
im Sichelmondlicht.

***

Spatzen jubeln frech dem kommenden
Frühling zu. Die Katze wartet.

***

Grau passt zum Gemüt. Das große Herz ist müde.
Kommt auch was zurück?

***

Einmal nur ganz sacht, lass mich dein Herz
berühren.
Kannst du es fühlen?

***

Jede Nacht aufs Neu gehst du durch meine
Träume.
Wann träum ich, wann nicht?

***

Nimm meine Hand und führ mich durch deine
Träume.
Meine kenn ich schon.

***

Ob meine Reime nun gefallen oder nicht.
Ich schreib sie trotzdem.

***

Traurigkeit verheilt. Trag mich auf deinen
Schwingen,
froher Neubeginn.

Elfchen

Sturm,
düster heulend,
jagt meine Seele,
droht wütend mit Finsternis,
Zerstörung.

***

Liebe
ein Wort
viel zu groß
für ein kleines Elfchen-
Wunder

***

Elfchen
Oder Mehrchen?
Eins von beiden
mag ich lieber leiden
Das, das die Regeln bricht.
Nicht?

Social Media Poems

*T*witterfriends
Seelen hinter Avas
Flüchtig wie Nebel über Wiesen
Bande, dünn wie Spinnenfäden,
stark wie diese,
wenn man sie lässt.

***

*F*ollow me.
Be my friend.
Join the crew.
Doch bitte
werde nicht persönlich.
Ein Fav ist nah genug.

*D*ies kleine Zeichen
Winzig
In millionenfacher Begleitung unbedeutend
Für mich
Bedeutet dieses Zeichen - Deines
Freude
Frieden
Die Welt

***

*W*orte waren es,
die dich hoffen, bangen, zittern, beben ließen.
Dein Herz berührten, Deine Seele, Deine Haut.
Heute sind es Klicks.

***

*V*ernetzte Augenblicke,
ein Geflecht aus Licht,
Impulse aus Gefühlen.
Man vergisst uns nicht.

Gewürfelte Worte,
mehr Zufall als Absicht,
berühren Gedankenwelten,
nur Menschen finden sie nicht.

Fotos, Pics, verstörende Bilder,
ungefragt springen sie in dein Gesicht,
provozieren Reaktionen,
und stimmen doch nicht.

Erwacht

*I*n dem Moment erwacht,
Als Regentropfen sanft beginnen,
aufs Dachfenster zu prasseln.

Rechtzeitig aufgewacht,
um nicht in einer Katastrophe
mein Leben zu vermasseln.

Erwacht aus einem Traum
von Freiheit, Liebe, die es so nicht gibt,
die nur ein Ava ist, statt Leben.

Kalt ist es in der Nacht,
Die Klarheit schafft und einen süßen Schmerz,
zu enden jenes eitle Streben.

Nicht hier und dort und da,
in diesem Jetzt muss meine Seele sein.
Mit allen Sinnen, Haut und Haar,
Statt dort im web allein.

***

*I*n dieser
Unserer
Zeit
Verbrennt man keine Liebesbriefe,
unversandt.
Man löscht sie nur.
Und freut sich irgendwann,
unbändig, ungeheuerlich,
über die
fast vergessene
Sicherungskopie.

***

*I*ch streck die Hand aus, tauch sie ein ins Dunkel
der virtuellen Welten.
Vielleicht erreichst du meine Fingerspitzen.
Zeigst mir den Weg hindurch.

Siebzehnundvier*-Gedichte

Schriebe ich heut auch nur eine Zeile noch, ich
widmete sie Dir.
Liebe für dich.

Wenn die Sonne schönste Farben an den
nachtblauen Himmel zeichnet,
verliert die Nacht.

Die Nachtgedanken, düst´re, schöne, schlimme
gute Nachtgeschichten,
erzählt dein Traum.

Von Schmetterlingsflügelschlägen bis zu
Flugzeugmotorengebrumm:
Liebes-Gefühl

*Von Hedy Loewe erdachte Versform in 17 und 4
Silben.*

Weihnacht

Zimtgeschmack
Vanilleduft
Kerzenschein und Bratwurstluft
in den Gärten funkeln Sterne
der Kamin gibt herrlich Wärme
Leut, die erste Kerze brennt
Besinnt euch drauf, es ist Advent.

***

Diesmal

Diesmal werde ich da stehen,
ohne Geschenke.
Nur
mit einem Lächeln
und zaghaft offenen Armen.
Was wohl geschieht?

Mensch, es ist Advent!

*M*ensch, es ist Advent!

Ihr hetzt und tut und macht.

Habt ihr schon nachgedacht,

warum ihr rennt?

Still! Es ist Advent.

Hast DU schon überlegt,

woran die Kerze dich erinnern soll,

die in der Zimmerecke einsam brennt?

Bedenk, es ist Advent.

Nicht die Geschenke sind´s,

die dich so liebenswert erscheinen lassen.

Sei gewiss, dass ER dich besser kennt.

*H*alt ein, es ist Advent.

Ruh aus, anstatt zu stöhnen über Plagen,

nimm dir die Zeit, um deinen Lieben Dank zu sagen.

Und freu dich drauf, dass ER auch DICH erkennt.

Es ist Advent.

Sieh, ER kommt in diesen Tagen.

Und ist doch längst schon da in deinem Herzen.

Lass leuchten deine gute Seele, so wie deine Kerzen.

ER wird auch DICH nach deinem Menschsein fragen.

***

*G*eschenk? Du selbst.
Licht? In der Seele.
Liebe? Deinen Nächsten.
Frieden? Warum nur heute?

***

*I*ch sitze neben dir,
die Arbeit ist getan.
Dein Arm liegt fest um mich,
ich lehn mich an.

Gemeinsam schweigen wir.
Das warme Licht des Weihnachtsbaums ist an.
Wir haben uns, mehr braucht es nicht.
Denk stets daran.

***

Bei uns

*B*ei uns
verbreiten schöne Dörfer, stille Wälder,
liebliche Landschaften ländlichen Charme.

Bei uns
leben und wirken freie Menschen.
Stark und stolz schaffen, leben, lieben, sterben
sie,
verbunden mit der Heimat.

Bei uns
duften Plätzchen und Nüsse, Glühwein,
Karpfen und Bratwürste nach Tradition und
Wohlstand,
einladend zum Genuss.

Bei uns
rieselt leise Schnee statt Bombenschutt,
die Erde ruht aus, die Öfen heizen behagliche
Heime.
Nur wenige frieren.

Bei uns
haben Achtsamkeit, Nächstenliebe, Besinn-
lichkeit
noch immer ihren Platz in den Herzen.
So kommt der friedvolle Geist der Weihnacht
wie selbstverständlich
zu uns.

Erinnerung an Weihnachten

*P*lätzchen backen mit der Oma,
Mehlverstaubt den Teig genascht
In der Luft das Rum-Aroma
Ein paar Nüsse noch erhascht.

Päckchen packen für die Lieben,
rot, grün, bunt und Gold verpackt
Viele Schnipsel bleiben liegen
Schleifen binden ist vertrackt.

Auf Suche nach dem schönsten Baum,
Verkäufer brauchen gute Nerven,
Wird dieser hier mein Weihnachtstraum?
Oder den Blick auf andre werfen?

Das Schmücken ist die beste Zeit
Wir trällern hier die schönsten Lieder!
Heut Abend ist´s endlich soweit,
der Weihnachtsmann besucht uns wieder!

Sternstillkalte Nacht
Kristallklar, dunkelblau
Beißend, kälteklirrend
Ungast-, unwirt-, lebens-, feindlich.
Einzig eine Flamme,
klein, gelbleuchtend, wärmeflimmernd,
trägt Hoffnung, Wunder, Lebensmut.
Tut so unendlich gut
und ändert Dich.

***

Ein Weihnachtsgedicht?
Ich find die Worte nicht,
für Frieden, den es nur in Herzen gibt
Für Liebe, die auch Neid und Hass besiegt,
Für Wärme, die eine Berührung spendet
Für Licht, das Gott in meine Seele sendet
Für Trost in kalten, dunklen Tagen
Und für die Gabe, Dank zu sagen.

Weihnachtsreflexion

Kinderaugen, groß und rund
Reflektieren Kerzenschimmer
Sehen, hören, riechen mit Begeisterung,
spür´n die heil´ge Nacht mit allen Sinnen,
freu´n sich über Kleinigkeiten.
Das wahre Geschenk ist die Freude.

Augen, groß geschminkt
reflektieren Hetze,
sind geschmückt mit dunklen Ringen,
erleben keine heil´ge Nacht
Freu´n sich über Falsches.
Das wahre Geschenk bleibt unerkannt.

Augen, faltig und müde,
reflektieren Sehnsucht,
trauern nach Verlorenem,
erspüren die heil´ge Nacht in Einsamkeit
Freu´n sich über Wärme jeder Art.
Das wahre Geschenk ist Nähe.

Augen voller Güte
Spiegeln Leid und Glück der Welt,
nehmen jeden an.
Geben der heiligen Nacht den wunderbaren
Glanz,
Freu´n sich über dich.
Das wahre Geschenk heißt Vergebung.

Augen, warm und freundlich,
reflektieren jede Seele in ihrer Schönheit
Schenken der heil´gen Nacht
Ihre wahre Bedeutung
Das wahre Geschenk ist die Liebe.

***

Er kommt!

*E*r kommt!

Sag´s weiter. Sag´s in allen Sprachen.

Sag´s auch denen, die ihn bisher noch nicht trafen.

Er kommt und sitzt mit uns zu Tisch.

Sorg dich nicht, was er in dir sieht.

Er macht bei Menschen keinen Unterschied.

Er kommt und teilt mit uns sein Brot.

Er gibt so viel, anstatt zu nehmen, wie in unsrem Falle.

Die Botschaft ist, es reicht für alle.

Er kommt und sieht dich an.

Du wirst erfahr´n, du musst nichts geben.

Was du je brauchst, hat er für dich bezahlt mit seinem Leben.

Er kommt und bringt das Licht.

Die Dunkelheit in dir wird er vertreiben.

Sein Wort wird fortan festgeritzt in deiner Seele bleiben.

Er kommt und bringt ein Wort, das alle Wunden heilt.

Du wirst dir wünschen, dass er in deinem Herzen bliebe.

Das wird er, wenn du seine Botschaft teilst.

Das wunderbare Zauberwort heißt Nächstenliebe.

***

Danke!

Liebe Leserin, lieber Leser,

ich danke Ihnen, dass Sie mir bis hierher gefolgt sind. Wenn Ihnen meine Gedichte und Gedankengänge gefallen haben, freue ich mich über eine Bewertung.

Neues über mich und meine Bücher finden Sie auf der Seite www.hedy-loewe.de , oder Sie folgen mir auf Facebook und Twitter.

Und wenn Sie mal Lust auf ein echtes Abenteuer haben, dann lesen Sie mal hinein in meine Serie „Dignity Rising".

Alles Gute für Sie und jede Menge Lesespaß! Ihre,

Hedy Loewe

Die Autorin

Hedy Loewe, die gebürtige Fürtherin mit Wiener Wurzeln, ist Diplom-Kauffrau, selbstständige Marketingberaterin und Texterin. Als Gegenpol zu kunden- und sachorientierten Texten schreibt sie dystopische Sciencefictionromane, die im Carlsen Verlag Hamburg unter dem Label Dark Diamonds erscheinen. Außerdem verfasst sie Kurzgeschichten und Gedichte. Die Autorin lebt mit ihrem Mann und den Schmusetigern in Veitsbronn im Landkreis Fürth. „Ich liebe es, mich beim Schreiben auf Pfade zu begeben, die verschlungen, geheimnisvoll und gefährlich sind. Das ist Abenteuer pur!"

Mehr Infos im Internet: www.hedy-loewe.de

Von Hedy Loewe sind bisher erschienen:

Romane
Carlsen Verlag Hamburg
Dignity Rising 1 - Gefesselte Seelen (2017)
Dignity Rising 2 - Schwarze Prophezeiung (2017)
Dignity Rising 3 - Gezeichnete Krieger (2018)
Dignity Rising 4 - Die Rache der Botin (2018)

Kurzgeschichten:
Historisches Mallorca, Wellhöfer Verlag, Mannheim (2018)

Kurzgeschichten-Anthologie „30", Bundesverband junger Autoren und Autorinnen e.V., Bonn (2017)